香港國際詩歌之夜 2017
INTERNATIONAL POETRY NIGHTS IN HONG KONG

編輯 Editors

北島 Bei Dao

柯夏智 Lucas Klein

宋子江 Chris Song

我已決定溶解自己

哈維爾・貝略

I DECIDED TO DISSOLVE

JAVIER BELLO

《我已決定溶解自己》
哈維爾・貝略 著

封面影像：北島

國際統一書號（ISBN）：978-988-237-025-8

出版：中文大學出版社
香港 新界 沙田・香港中文大學
傳真：+852 2603 7355
電郵：cup@cuhk.edu.hk
網址：www.chineseupress.com

I Decided to Dissolve
By Javier Bello

Cover Image: Bei Dao

ISBN: 978-988-237-025-8

Published by The Chinese University Press
The Chinese University of Hong Kong
Sha Tin, N.T., Hong Kong
Fax: +852 2603 7355
E-mail: cup@cuhk.edu.hk
Website: www.chineseupress.com

Printed in Hong Kong

目錄 Contents

de *letrero de albergue* 8
選自《旅館招牌》
from *letrero de albergue*

de *Estación noche* 26
選自《夜間車站》
from *Estación noche*

Max Jacob 1944 38
馬克斯・雅各布，1944
Max Jacob 1944

Modelo Benjamin 41
本雅明模式
Benjamin Model

El falso teclado 47
假鍵盤
The Fake Keyboard

Escalerita al cielo 56
通往天空的小梯子
Little Stairway to Heaven

哈維爾・貝略
Javier Bello

中文翻譯：胡續冬、袁婧
English translation by Valentino Giannuzi

de *letrero de albergue*

* * *

Detrás del pensamiento hay un palo quebrado. Un palo que arrastró la corriente hasta los pies de la cama. Los vidrios son retratos donde los muertos preguntan por sus manos. Detrás de los espejos hay otra plantación erizada. Hilos de fuego que pulsan las muchachas en coma. Un túnel lleno de semanas. Un túnel quiere decir túnel. Lo que quiere decir cáncer. Invernadero y sed. Bolsa marsupial. Leche de oído. El hígado habla en las esquinas. Un vino lleno de números. Un saco de hojas secas detrás de la mirada. Una bolsa de té. Un ataúd repleto de ramas. Debajo de la edad están los años muertos. Debajo de la luz los prismas resucitados. Un niño carga un puente que carga a otro niño que no carga nada. El vacío es una enfermedad a la sangre. Decanta como el óxido en las redes de pesca. En todos los armarios hay espectros. En los cajones manos desconsoladas. Las paredes las ha rayado nadie. El otoño tiene muchos nombres. Detrás del pensamiento yo sé quien es nadie.

* * *

El excesivo equipaje no deja caminar a la sombra. El vagabundo visita la provincia otoñal, el silabario de tiza de las cantinas donde aprenden a leer los fantasmas. La sombra, por supuesto, es esta voz. Por supuesto, esta mano que esconde un alfiler de gancho en el bolsillo de un muchacho dormido. Un muchacho desnudo sobre la pelusa fértil del bosque. Llueve debajo de las mantas. Llueve una lluvia interminable. La sombra cuenta los días con los dedos. Un bote colorado cruza un río verde. La sombra se embarca, orina en la vertiente helada. Hace sombra, humo hace. Humo contra el tamiz de la luz. Así el día se abre, se corona de agua. De cadáver y viñedo de mar se fecunda la noche. Canta la voz su hueco sin voz. Los insectos se alían contra el miedo. Cruje el grillo de los espinos rojos. La luna hace lo que puede en abril. Le lima las uñas a los perros. La nariz se mece entre las ramas. Aletea como pez en la arena. Todo podría continuar así. La sombra me toma de la mano. Me lleva a un jardín con miedo. A un parque con estatuas vendadas. Dónde iremos mi poema y yo. La sombra sabe de qué hablo, del fuego que salta entre los álamos. La voz flota en el lago de caucho. Se escucha en los pozos sellados. Qué dice el caminante que visitó los puertos. Qué oyó de la boca del mar y sus milicianos húmedos. Lo que oyó apoyado en sus hondas rodillas, con la lengua en los odres. Lo que anduvo, lo que amó, el agua que dejó correr. Todas las cosas. La aldea y sus ciervos helados. El río con su pata de alma de molino viejo. La estrechez de la sombra. La más delgada voz. En fin, la voz.

* * *

> ¿Quién oyó?
> ¿Quién oyó?
> ¿Quién ha visto lo que yo?
> —Góngora

dónde está la oreja noche.
dónde está la noche oír y no temer.
para qué tiene oreja la noche.
oír qué. queda batalla.
los collares exaltan un ave del montón y ese pájaro sufre.
sufre su cáñamo azul.
su madera de lince.
su páramo.
su puerta.
quien se marcha no deja decir.
su minuto no dice.
oigo el pie del ladrón.
qué se lleva pequeño asustado. pequeño quemado. lo
lleva al sol. al mar. lo lleva al precipicio. un liquen santo.

un manojo húmedo que da de comer. lámpara da de
comer. artefacto de espuma y demonio no dice. para
qué va a decir el pulmón. lo llena de rizos. lo riza su
madre. yo llegaré hasta aquí. dormido seré el ilegible.
cargo piedras de río. oreja de piedra. tuve sed y
permiso de la sed. tuve sed y dominio. no la garganta.
me sigue por la cuesta. algo me va diciendo. vi los
pobres muertos. lejos de lavativa y vecindad. lejos
de nadie. la cajita feroz. un párpado nupcial. otro de
lepra. la noche se degüella de pie. cascabeles. circo de
pus. muebles con tetas. a dónde va la oreja. la dejo de
alguacil. la alejo entre sus pasos. como gran alacrán.
como anzuelo que como. mi ojo sin ciudad. mi pez
sin candelabro. oír y no temer. llevo la cuenta

* * *

no es traducible el hueso, lo que viene después
del hueso, paloma sometida dentro del cadáver. la
mano donde cabe la mano que hizo todo el fuego, la
imagen cuando cae en la sombra adivina la crueldad
de los restos, pianos elementales contra el objeto
norte, contra el fragmento alzado. los dedos muertos
crecen en el bosque, el árbol acaba de parir piedra a
la espalda, té de espinas en la cabeza del pastor, pozo
allegado al misterio. no puedo traducir el señuelo, el
hocico de los largos inviernos, esta lluvia que acorta
las distancias, moja el hospicio de los muertos. un
rostro no es traducible, el horizonte no es traducible,
tu rostro verónica en las manos no dice nada al humo
en el camino, no habla entre los sexos espontáneos.
hay un suicidio, hay algo entre las piernas. una boca
en el agua me sonríe, un alto filamento abre las
puertas, pero muestra los dientes y se Cierra

選自《旅館招牌》

* * *

思想的後面有一根斷裂的棍子。一根把流體拖拽到床腳的棍子。玻璃是畫像，在其中死者索求他們的手。鏡子的後面是另外一片支楞著的植被。昏迷中的姑娘們彈撥著火焰的絲線。一條滿是星期的隧道。這裏的隧道説的就是隧道。也就是説癌症。溫室和乾渴。有袋動物的育兒袋。聽覺之奶。肝臟在那些角落裏説話。一瓶滿是數字的酒。視線後面的一袋枯葉。一包茶。一副裝滿樹枝的棺材。年齡的下面是死去的年份。光亮之下，棱鏡復活。一個孩子扛著一座橋，那橋扛著另一個孩子，那孩子沒扛任何東西。空是一種深入血液的病。像漁網上的氧化物一樣脱落。所有的衣櫃裏都有幽靈。抽屜裏難以慰藉的手。無人劃過的牆。秋天有很多名字。在思想的後面，我知道誰是無人。

* * *

過重的行李讓影子無法行走。流浪漢造訪秋之外省，小酒館裏粉筆的音節表，幽靈在這裏學習誦讀。那個影子，毫無疑問，就是這聲音。毫無疑問，這隻手把一根別針藏在熟睡的男孩的口袋裏。森林肥沃的絨毛上一個赤裸的男孩。雨下在層疊的毯子下。下著冗長的雨。那個影子用手指數著日子。彩船穿過綠色的河。影子上船，在冰凍的小溪上小便。有陰影，有煙。煙塵撲向光線的篩子。如是，白晝開啟，以水加冕。以屍體、以海上葡萄園滋養夜晚。聲音歌唱它沒有聲音的洞。蟲子們聯合起來對抗恐懼。長著紅刺的蟋蟀沙沙作響。月亮做著它在四月裏能做的事情。它打磨著狗群的指甲。鼻子在樹枝間晃動。像沙灘上的魚一樣擺尾。也許一切都可以像這樣繼續下去。影子拉起我的手。它怯生生地把我帶到一座花園。一個裏面雕像都纏著綳帶的園子。我的詩和我將去往何方。影子知道我説的是甚麼，楊樹之間躍動的火。那聲音在橡膠湖上漂浮。在每一個封口的井裏都能聽見。來到港口的那個路人説著甚麼。從大海和它潮濕的義勇軍的口中能聽到甚麼。舌頭在酒囊中、膝蓋深陷時所聽到的。走過的，愛過的，任其奔流的水。萬事萬物。村莊和它冰凍的小鹿們。河流，它有著老磨坊的靈魂長出的爪子。影子的逼仄。最消瘦的聲音。總之，聲音。

* * *

誰聽到了？

誰聽到了？

誰看到了我之所見？

——貢戈拉

夜晚之耳在哪裏。傾聽而毫無畏懼的夜在哪裏。夜晚緣何有耳。聽到了甚麼。留下戰爭。頸鏈令一隻平凡的鳥興奮不已，亦使它遭受折磨。它藍色的麻布遭受折磨。它的猞猁之木。它的荒野。它的門。出發的人緘口不語。它分秒不說。我聽到小偷的腳。這受驚嚇的小傢伙帶走了甚麼。被火燒的小傢伙。他把它帶到太陽。帶到大海。他把它帶到懸崖。一片神聖的地衣。提供食物的一小把潮濕。燈盞餵食。泡沫和魔鬼構成的器械不說話。肺為何說話。讓它充滿彎曲。它媽媽卷著它。我將到達這裏。熟睡的我難以辨認。我背負著河裏的石頭。石頭之耳。我曾渴過，且曾被允許渴。我曾渴過，且曾有所掌控。不是喉嚨。它沿著斜坡跟隨我。某物對我慢慢講述。我曾見過那些可憐的死者。遠離灌腸藥和鄰里。遠離無人。凶猛的小棺材。一片婚禮的眼瞼。另一片是麻風病的。夜晚自斷其足。鈴鐺。膿水馬戲團。有乳房的家具。耳朵去往何方。我將它交付給巡警。我任其漸行漸遠。像巨大的蝎子。像我咬住的魚鉤。沒有城市的我的眼。沒有大燭台的我的魚。傾聽而毫無畏懼。我數著。

* * *

骨頭是不可譯的，骨頭之後到來的東西，屍體之中臣服的鴿子。手裏有另一隻點燃所有火的手，那畫面墜入陰影之時，猜想著殘骸上的殘忍，那些初級的鋼琴緊靠著北方的目標，緊靠著豎起的碎片。死去的指頭在森林中生長，那棵樹剛剛在身後產下了石頭，牧羊人頭上帶刺的茶，瀕臨秘境的井。我不能翻譯誘餌，漫長冬日的獸嘴，這場縮短了距離的雨，潤濕了死者的收容所。一張面孔是不可譯的，地平線是不可譯的，手中維羅妮卡布巾上你的面孔在路上甚麼也沒有對煙霧說，在突如其來的性之間不言不語。有人自殺，雙腿之間有某物。水中的一張嘴朝著我笑，一根高處的絲線打開了那些門，但展示出牙齒隨即關閉。

from *letrero de albergue*

* * *

Behind thought lies a broken stick. A stick washed by the tide to the foot of the bed. Glasses are portraits where the dead ask after their hands. Behind the mirrors there is another bristling plantation. Girls in a coma thumbing threads of flames. A tunnel full of weeks. A tunnel means a tunnel. Which means cancer. Greenhouse and thirst. Marsupial pouch. Earmilk. The liver mutters in a corner. A wine full of numbers. A bag of dry leaves behind the eyes. A tea-bags. A coffin filled with shrubbery. Under one's age, the dead years. Under the light, the prisms reborn. A boy carries a bridge which carries another boy who carries nothings. Emptiness is a blood condition. It pours down as rust into fishnets. There are ghosts in every closet. Drawers in crestfallen hands. Nobody has streaked the walls. Autumn has many names. Behind thought, I know who no one is.

* * *

The extra luggage does not let the shadow walk. The wanderer visits the autumnal province, the chalk-drawn syllabary of bars where ghosts learn to read. The shadow, of course, is this voice. This hand, of course, which hides a safety pin in the pockets of a sleeping boy. A naked boy on the fertile fuzz of the forest. It rains under the sheets. A never-ending rain. The shadow courts the days on its fingers. A red boat crosses a green river. The shadow gets into it, urinates on the frozen watershed. Casts a shadow, yields smoke. Smoke against the sieve of light. The day opens, water-crowned. Night is fecundated by corpses and sea-vineyards. The voice sings its voiceless void. Insects join against fear. The cricket creaks on the rad hawthorns. The April moon does what it can. It files down the dogs' fingernails. The nose balances on the branches. It slithers like a fish in sand. Everything could go on like this. The shadow grabs me by the hand. Leads me to a garden, fearfully. To a park of blindfolded statues. My poem and I, where are we heading. The shadow knows what I'm talking about, about the fire bouncing among the elms. The voice floats on a lake of rubber. It is heard on the sealed wells. What says the wanderer who visited the harbours. What did he hear from the lips of the sea and its damp militia. What he heard leaning on his deep knees, his tongue on the wineskins. What he walked, what he loved, the water he let flow. Every single thing. The town and its frozen dears. The river and its feet like the soul of an old mill. The narrowness of the shadow. The thinnest voice. In sum, the voice.

* * *

> ¿Quién oyó?
> ¿Quién oyó?
> ¿Quién ha visto lo que yo?
> —Góngora

where is the ear of the night. where is the night hearing and not fearing. why does the night have an ear. hearing what. battle remains. the necklaces exalt a bird from the lot and that bird suffers. its suffers its blue hemp. its lynx wood. its moor. its door. the one who leaves does not allow saying. its minute does not say. I hear the robber's foot. what it takes small scared. small burnt. takes it to the sun. to the sea. take it to the abyss. a sacred lichen. a wet handful that nurtures. lamp that nurtures. artifact of foam and demon who doesn't say. why would it say lung. it fills it with curls. It's mother curls it. I will get this far. asleep I would be the illegible. I carry river stone. ears of stone. I was thirsty and the thirst gave me leave. I was thirsty and dominion. not the throat. it follows me through the hill. something it tells me. I saw the dead, the poor dead. far from burdens and immediacy. far from no one. the fierce box. a nuptial eyelid. an eyelid of leprosy. night is beheaded on its feet. jingle-bells. circus of pus. furniture with breasts. where does the ear go. I leave it as a sheriff. I distance it among its steps. as a great scorpion. as a bait I eat. my city-less eye. my fish without candelabrum. to hear and not to hear. I'm the record keeper.

* * *

the bone is untranslatable, or what comes after the bone, defected dove within the corpse. The hand which keeps the hand that created all the fire, the image when it falls over the shadow guesses the cruelty of the remains, elemental pianos against the north object, against the raised fragment. dead fingers grow in the forest, the tree has just engendered a stone for the back, tea of thorns on the head of a shepherd, a well neighbouring the mystery. I can't translate the bait, the snout of long winters, the rain shortening distances, drenches the hospices of the dead. a face is not translatable, the horizon is not translatable, your face veronica on your palms says nothing to the smoke on the road, it doesn't talk among spontaneous sexes. there's a suicide, there's something between the legs. a mouth in the winter smiles at me, a high thread opens the doors, but only shows its teeth and closes.

de *Estación noche*

* * *

De frente, sin ciudad, el tren se enmascara
se conduce el solitario, la continuidad no duele
si están todos los brazos levantados
Lo entiendo: dentro de un sol el ejercicio permuta la muerte
por la mirilla destinada a oscurecer
Los focos se disuelven en el patio
hacia su libertad, su desastre: abejas
visillos, estandartes de toda lumbre, oro, relación

El solitario es la pregunta que falta entre una mano y otra
el acento del menesteroso relumbra aunque llueva
en los lugares oscuros con la brevedad de la muerte
su cara de espejismo, su fulgor
se parece a una pradera que despierta
entra en trance, un libro que no para de caer

Padre de nada, entre linternas, entre hijos que se arrugan
para ir a hablar contigo crucé el río

que desde lejos miente en su trabajo de trepidar
He tendido en el puente el arco de mi soledad
oh frente siempre acompañada te he mirado
los labios matutinos, la miel de los muertos
que gotea en la niebla sobre el pez de las horas mojadas

Me resulta difícil desconocer la luz
como si esto nunca hubiera sucedido
Preguntas mal hechas ante el carbón de los rieles
En los peores días, con su murmullo a cuestas
las cosas se hunden afiladas, dejan de existir

* * *

El objeto más hermoso es ese seno izquierdo de la hermana
de Shakespeare
traspasado por la bala del orfanatorio
ese seno entreabierto por el cable dentado de los incorruptos
por la huella siniestra de los vínculos, acueductos que ceden,
que invaden
por esa bala que tiñen, sonrisa de la muerte y las preguntas
cerrojo de los orfanatorios que ladran ante ese seno enfermo
una mano trenzada que no deja de trenzarse en la nada
después de la muerte la nueva medida de los dedos
el instrumento espera la mitad del sueño que nadie elabora
abejas inamovibles a la orilla de un mar que no alcanza
grave invernadero, piedras podridas donde decanta la
cabellera del fondo
Miro las poblaciones quemadas por el vuelo de los primeros
descalzos
los últimos gritos marinos que nadie defiende,
la mitad sin hablar

El objeto más hermoso es ese hemisferio que pierde su llave
el niño y el engendro pintan una escena en los vidrios
sagrados
gira el vértigo por los caminos, resopla el fantasma del cuerpo
el cuerpo ulcerado del gran orificio magnético
Yo he visto mi cuerpo, mitad sin mitad, su reino no es de este
mundo
su sexo no es de este mundo, la hermana del huevo no es de
este mundo

選自《夜間車站》

＊＊＊

前方，沒有城市，火車戴上面具
孤獨者自行運轉，持續性不疼痛
如果所有的手臂都高舉起來的話
我知道：在一個太陽之中練習置換了死亡
通過朝向暗處的窺視孔
焦點在庭院中消融
向著它的自由、它的災難：蜂群、
紗簾、所有火焰的旗幟、黃金、關聯

孤獨者是一隻手和另一隻手之間缺失的問題
貧窮者的口音光芒四射，儘管它會
和死亡的短暫性一起滴落在幽暗的地帶
它幻影般的臉、它的光亮
像一片蘇醒的草原
像一本不停地墜落的書，進入危難之中

虛無之父，在提燈之間，在皺縮的孩子之間
為了去和你交談我穿過了

在它猶疑的勞作中一路撒謊而來的河流
我把我孤獨的拱在橋上鋪開
哦，常被伴隨的額頭，我看見了你
早晨的嘴唇，死者的蜜
滴落在潮濕時辰的魚之上的霧中

我很難無視這光
就好像這一切從未發生過
鐵軌的碳前糟糕的問題
在最壞的日子裏，帶著脊背上的碎語
那些事物變得細小並沉沒下去，不復存在

* * *

最美的事物是莎士比亞的妹妹左邊的那個乳房
被孤兒院的子彈打穿
被純潔者的鋸齒纜繩
被傳輸著、入侵著的導管連接而成的不祥印痕
被染了色的子彈、死亡和問題的微笑微微打開的
　　那個乳房
在那有病的乳房前狂吠的孤兒院的門閂
一隻不停地扭動在空無之中的扭曲的手
死亡之後，指頭的全新尺度
工具等待著無人編製之夢的一半
莊重的溫室無法抵達的海岸邊上
靜止的蜂群，深處的頭髮在其中傾瀉的腐爛石頭
我看見被焚燒的人群，一半無語，被最初的赤腳
　　的飛行所焚燒
最後的海之呼喊無人看護
最美的事物是丟失了鑰匙的那個半球體
孩子和胎兒在神聖的玻璃上畫出一幕場景
眩暈在路上旋轉，身體的幽靈大聲喘息
有著巨大的磁性創口的軀體

我見過我的身軀，有一半沒一半，它的王國不屬於這個世界
它的性不屬於這個世界，蛋的妹妹不屬於這個世界

from *Estación noche*

* * *

Straight ahead, without a city, the train wears a mask
drives itself, alone, continuity does not hurt
if all the arms are raised
I understand: within a sun exercise exchanges death
through the eyehole destined to darken
The light-bulbs dissolve on the patio
towards their freedom, their doom: bees
blinds, banner of every light, gold, narrative

The lonely is the question missing between one hand
 and the other
the accent of the wretched glows even though it may rain
in the dark places with the brevity of death
its face of mirage, its shimmering
like a prairie that wakes
in a trance, a book that keep falling

Father of nothingness, among lanterns, among
wrinkling sons
in order to talk to you, I crossed the river
which tells lies from afar in its hesitating task
The bridge is hung with the arc of my solitude
oh, forehead, I have always seen you in company
the morning lips, the honey of the dead
dripping in the fog over the fish of damp hours

It's hard for me to not know the light
as if this had never happened
Ill-formulated questions before the coal of the railway
on the worst days, carrying its whispering
things sink, sharpened, they cease to exist.

* * *

The most beautiful object is Shakespeare's sister's left breast
pierced by the bullet from the orphanage
the breast half open by the serrated cable of the incorruptibles
by the sinister track of the relations, aqueducts that fail,
    the invade
by that bullet they dye, smile of death and the questions
locks of orphanages that bark facing that sick breast
an interlaced hand which does not cease to interlace to nothingness
after death the new measure for fingers
the instrument awaits for the other half of the dream which no one
    produces
unmovable bees on the shores of an unattainable sea
serious greenhouse, rotten stones where the deep hair flows
I see the population burnt by the flight of the early barefoot
the final marine screams that no one stands for, the speechless half
The most beautiful object is that hemisphere which loses its key
the boy and the monster paint a scene in the sacred stained glass
vertigo turns through the roads, the ghost of the body is blowing

the ulcer-ridden body of the great magnetic orifice
I have seen my body, halfless half, its kingdom is not of this world
its sex is not of this world, the egg's sister is not of this world

Max Jacob 1944

Fueron lavados los ojos en sus cartapacios
selladas las imágenes santas la última vez
Con las uñas arrancaron los dedos de los amanecidos
maniatadas las cruces en el pulcro cerebro de Dios
Por ti mean los perros sobre la nevazón
el mapa interroga a la aldea sin pie
la Torre Nueva de la que se desprenden cirios
cornamusas y el pecho encanecido
el aljamiado a punto de trenzar las cofradías
guirnaldas, espejos, peces lanceolados
cuidan a las madres que esperan tras las guerras
que a los pies de las guerras se besan llorosas
Vinieron a llevarse a los niños acérrimos
te encontraron fijo en una luz errónea
la que guía al Cordero de regreso a su casa
y peina para siempre a las hijas de María Magdalena.

馬克斯・雅各布[1]，1944

眼睛在他的一摞紙中被清洗
神聖的圖像最後一次被封緘
從指甲開始，早起的人手指動了起來
上帝精細的頭腦中被捆縛的十字
因為你，狗群在積雪上便溺
地圖質詢著沒有腳的村落
從新塔上脱墜下大蠟燭
風笛和衰老的胸膛
説阿爾哈米亞語[2]的人即將網羅同黨
花環、鏡子、身披尖刺的魚
守護著戰後等待的母親
她們在戰爭的腳下流著淚相互親吻
她們來帶走了無比堅定的孩子們
他們見到你固定在錯誤的光中
這光引導著回家路上的羔羊
並永遠為抹大拉的瑪利亞的女兒們梳頭

1　譯註：馬克斯・雅各布（1876–1944），20 世紀法國猶太裔詩人、畫家、作家和藝術評論家，畢加索的摯友，1944 年死於達朗西集中營。

2　譯註：阿爾哈米亞語是生活在伊比利亞半島的摩爾人之間一度流行的一種混雜了西班牙語與阿拉伯語的語言。

Max Jacob 1944

The eyes were washed in their satchels
The images sealed, for the one last time sacred
They tore with their fingernails the fingers of the awakened
hand tied crosses in God's clean brain
It is for you that the dogs piss on the snow
the map questions the footless town
the New Tower from which candles drop
gagpipes and grey-haired chest
the scripted about to interlace brotherhoods
garlands, mirrors, spear-shaped fish
take care of mothers awaiting in the war
that tearfully kiss at the foot of the war
They came to take the fervent children
they found you fixed in the wrong light
the one which guides the Lamb back home
and forever brushes the daughters of Mary Magdalene.

Modelo Benjamin

Mala señal, el centinela se lava los pies con la jarra del vínculo,
mis labios ya no tienen vergüenza,
las oraciones entran de espaldas al orfelinato con cortes en
las rodillas.
Es la hora, cierro los ojos, arrugan largos besos,
las esquelas se ahogan en los almanaques botánicos
con la dura humedad de la entrepierna del bosque.
Despeinados por una mano sin madre
los sauces enloquecen, sin pensar en la tierra
las raíces se hunden, los jueces se arremangan,
la prostituta de carbón moja los sobres, está sola, gotean
pensamientos afilados por la desesperación de las tibias,
el empeine dorado del ladrón entra en las franelas,
cruza el enjambre, zumba cuando levanta los vestidos,
espolvorea ruina en las enaguas.
Mala señal, el aceite de la lámpara durará hasta que cante
el gallo,
todavía me queda un poco de saliva,
la lluvia me negará tres veces,
será abandonada descalza al borde de la carretera,
apagará en ella sus deseos, montará en caballos mojados.

La fe está sucia, la soledad está sucia,
el viento analfabeto deletrea sedición en las cartas,
una noche para encontrar refugio, para asolar aldeas,
una luna donde volcar los frascos.
Ellos huelen a pólvora, se arrastran por los muelles,
surten de esperma el navío fantasma,
animales al sol babean los braseros,
el incesto camina con los píes manchados.
Pienso que nunca se abolirá el invierno,
sueño con un caballo, un lecho transparente,
cebo y paraíso, un huevo en el riñón de la fábula.
Puedo alimentar los inmensos silabarios de hueso
con las líneas de mi mano, puedo imitar incluso
la respiración de mi madre.
Cierro los ojos, tiznados celadores vigilan el espejo,
mastican agujeros de nieve, en la frontera supuran sinagogas.
Ponte de pie, ya es hora, me dice una voz poderosa,
tenemos cuentas pendientes, soy el pasado,
soy débil, tengo una cita con Sholem.

本雅明模式

不祥之兆，守衛用相連的罐子洗腳，
我的嘴唇已經沒有了羞恥，
語句背著身進入孤兒院，膝蓋上帶著刀傷。
是時候了，我閉上眼睛，長吻皺縮，
書信溺死在植物學年鑒裏
用森林的胯下難捱的潮濕。
頭髮被一隻沒有母親的手撩亂
柳樹發瘋了，不再想著大地
根須沉沒，法官下定決心，
碳的妓女打濕了信封，她獨自一人
削尖的思想從脛骨的絕望裏滴落，
小偷金色的腳背進入法蘭絨，
有蜂群經過，掀起衣服時嗡嗡作響，
在襯裙上播撒廢墟。
不祥之兆，燈油將會堅持到雄雞高唱，
我仍有一點點唾液，
雨水將要拒絕我三次，
雨將赤腳被拋棄在公路邊上，
它泯滅了欲望，騎上潮濕的馬群。
信念是骯髒的，孤獨是骯髒的，
不識字的風在信中拼讀出嘩變，

一個尋找庇護、摧毀村莊的夜晚，
一輪有很多小瓶子被打翻的月亮。
它們聞起來像火藥，摩擦著碼頭，
提供著精液。幽靈船，
動物們朝著太陽淌口水，火盆，
亂倫以污穢的腳行走。
我認為冬天永遠都不會被廢止，
我夢見一匹馬、一張透明的床，
飼料和天堂，一枚寓言之臂中的蛋。
我可以用的我掌紋來餵養
骨頭裏無限的音節表，我甚至
可以模仿我母親的呼吸。
我閉上眼睛，烏黑的衛兵們守護著鏡子，
咀嚼著雪之孔洞，猶太會堂在邊界上潰爛。
出發吧，是時候了，一個強有力的聲音對我說，
我們還有沒算完的賬，我是過去，
我是虛弱的，我和舒勒姆[1]有約。

1　譯註：這裏的舒勒姆可能只是哥舒姆・舒勒姆（Gershom Scholem），其中Scholem 轉寫為西班牙語時變為Sholem。哥舒姆・舒勒姆（1897–1982），二十世紀最重要的猶太神秘主義學者、歷史學家，瓦爾特・本雅明的友人。

Benjamin Model

A bad sign, the sentinel washes his feet with the jar of
relation
my lips are shameless,
sentences give their back to the orphanage, their knees
severed.
It's time, eyes closed, large kisses wrinkle,
Obituaries drown in the botanical almanacs
with the harsh dampness of the forest's crotch.
Their hair disheveled by a motherless hand
the willow-trees go mad, oblivious of the soil
the roots deepen, the judges roll up their sleeves,
the coal whore dampens the envelopes, alone
thoughts drip, sharpened by the desperation of the tibias,
the burglar's golden insteps fits the flannels,
crosses the swarm of bees, buzzes when he raises the dresses,
sprinkles the petticoats with doom,
A bad sign, the oil in the lamp will last till the cook crows,
I still have a bit of spit,
the rain will thrice deny me,
it will be abandoned at the side of the road, barefoot,
it will quench its desires in it, will ride wet horses.

Faith is stained, solitude is stained,
the illiterate wind spells sedition in the letters,
a night to find refuge, to haunt towns,
a moon in which to pour every jar.
They smell of gunpowder, they crawl by the docks,
they supply the ghost ship with sperm,
basking animals slobber the braziers,
incest walks with tainted feet.
Winter will never be abolished, I think,
I dream of a horse, a transparent bed,
bait and paradise, an egg in the fable's kidney.
I can feed the immense syllabaries of bone
with the lines of my palm, can even imitate
my mother's breathing.
I close my eyes, smutty watchmen guard the mirror,
chewing holes of snow synagogues suppurate on the border.
Stand up, it is time, a powerful voice tells me,
we have unfinished business, I am the past,
I am weak, I have an appointment with Sholem.

El falso teclado

Ya oigo caer con fúnebres golpes
la leña que retumba en el empedrado de los corrales.
—Baudelaire

Disolver por completo el instrumento para que el
fósil regrese del trance
y se ponga a gritar en la puerta. ¿Qué puede hacer el azar
cuando encuentra a su madre de frente? La idea negra
de los pentagramas zumba como el insecto tras las
piernas que se abren.
Charles entrevió el infinito que retumba. Retumba.
Retumba su dádiva y su trino, su tormento.
Sin esperanza, allí no hay nadie que te mire de vuelta a
los ojos.
La música se aferra al cuerpo como el pensamiento ata el
hambre a su jaula.
El teclado no debe ocupar toda la escena.
Desahuciada órbita de la letra, la filigrana anuncia el
orificio,
sostiene la pupila en el faro hasta que las piernas se
cruzan, infiltradas

de sí se besan para siempre sin miedo,
gemelas venturosas brillan en el cielo de la muerte,
ocultan el ojo de la putrefacción.
El intérprete quema las naves, el crepúsculo hace una
mueca,
las sonrisas falsas se notan en las fotografías, nadie saca su
cámara
las tardes tristes, las horas envenenadas, cada primavera
los deudos mienten a la misma sepultura, piden a Dios,
miran por el ojal el vientre atormentado,
todavía hablan de él cuando vuelven a casa.
Duelen los dedos después de construir un tendal,
la madera del hacha late sobre la piel como una trucha en
el agua,
el ojo desmenuza un camino de piedras,
más allá del visillo un cráter, una cabaña en el bosque,
una pila de leña.
Hay algo tras el muro que se dilata y silba aunque no
quiera escucharlo,
algo entre los juncos no me reconoce y vuelve la cara.
Ese rostro de barro se tuerce en las algas,

cruje en el lagar con los hollejos del vino,
es el mismo que lame la sien de los suicidas,
el mismo que aúlla en las estampas que evocan libertad tras
las lindes.
Ha venido el infinito a dormir a casa, ha tocado la puerta,
nadie en el hospital de lo invisible.
Aquí no sopla el viento sino su partitura,
música salvaje, cisne de la úvula,
los papeles se arrugan en el patio, en mi pecho la hoguera,
la marea arrastra el teclado hasta el muelle,
un beso entre los labios de la tierra.
Ganglio y estertor, he decidido disolverme.

假鍵盤

我已經聽到凄然著地的枯枝
簌簌地落在院中的石子路上。
——波德萊爾

把這件樂器完全熔化，以使得化石能夠從困境中返回
並開始在門上尖叫。厄運能做些甚麼
當它遇上厄運之母？五線譜的黑色念頭
像腿張開之後的昆蟲一樣嗡嗡作響。
查爾斯隱約看見轟響的無限。轟響。
他的饋贈轟響，他的顫音，他的磨難。
沒有希望，那裹沒有人回眼看你。
音樂攫住身體，就像思想把饑餓綁進它的牢籠。
鍵盤不應該佔據整個舞台。
字母的無望的軌道，金絲銀線預示著創口，
瞳孔盯著燈塔直到雙腿交叉，它們
互相滲透，永遠而無畏地相互親吻，
幸運的雙胞胎在死亡的天空中閃耀，
遮擋住腐爛的眼睛。
演繹者點燃船隻，黎明做了個鬼臉，

照片裏虛假的微笑引人注目，沒人拿出他的相機
悲傷的下午，中毒的時刻，每一個春天
親戚們向同一座墳塋撒謊，祈求上帝，
從小孔中看飽經磨難的肚子，
他們回家時依然在談論他
土堆磊起之後手指疼痛，
斧下的木頭在皮膚上跳動就像水中的鱒魚，
眼睛認真地查看一條石子路，
薄紗窗簾後面的火山口，森林裏的一座茅屋，一小堆木柴。
牆後有某物在膨脹，即使不想聽，它也在發出口哨聲，
蘆葦間有某物認不出我並轉過臉去。
那張泥臉在水藻中扭曲，
在壓榨機下和葡萄酒的薄皮一起咯吱作響，
這是同一張舔舐自殺者太陽穴的臉，
也是這張臉，它在分界線後召喚自由的圖片裏嚎叫。
無限已來令房屋入睡，它已叩響房門，
隱形之物的醫院裏空無一人。
這裏吹的不是風，而是它的樂譜，
野生的音樂，小舌的天鵝，
紙張在庭院裏皺縮，火堆在我胸中，

浪濤把鍵盤卷至碼頭，
大地唇間的一個吻。
淋巴結和鼾聲，我已決定溶解自己。

The Fake Keyboard

Already I can hear a funereal thump,
of the logs on the courtyard paving stones.
—Baudelaire

To dissolve the instrument completely for the fossil to
reenter the trance
and start shouting at the door. What can chance do, when it
finds
its own mother? The black idea of the pentagrams
buzzes as an insect behind the opening legs.
Charles guessed this echoing infinity. It echoes.
It echoes its gift, its birdsong, its torment.
Hopeless, there's no one who looks at you from behind the
eyes.
Music clings to the body like a thought ties hunger to its cage.
The keyboard must not take up the whole scene.
Evicted orbit of the letter, the filigree foretells the orifice,
it sustains the pupil in the lighthouse, until the legs are
crossed,
self-infiltrated they kiss forever, fearlessly,
venturing twins that shine in death's sky
hide the eye of putrefaction.

The performer burns the ships, dawn grimaces,
fake smiles are evident in the photos, nobody pulls out
their camera
on sad afternoons, on poisoned hours, each spring
the mourners lie to the same sepulcher, pray to God,
look at the tormented belly through the eyelet,
and still speak of it when it comes back home.
The fingers hurt after building an awning,
the wood of the axe beats on the skin, as a trout in water,
the eye crumbles up a gravely path,
beyond the blinds a crater, a cabin in the forest, a pile of
wood.
There's something behind the wall that swells and whistles
though I don't want to hear it,
something among the reeds does not recognize me and
turns its face.
That face of clay twists among seaweed,
creaks on the winepress with the pomace,
the same face that licks the suicide's temples,
the same face that howls in the prints that recall freedom
after the borders.

Infinity has come to spend the night home, has knocked
  on the door,
no one in the hospital of the invisible.
The wind does not blow here, only its score,
wild music, swan of the uvula,
the papers crumble on the patio. my heart on the stake,
the tide drags the keyboard to the habor,
a kiss between earth's lips.
I've decided to dissolve, lymph-note and death-note.

Escalerita al cielo

Esta tarde llueve como nunca; y no
tengo ganas de vivir, corazón.

—César Vallejo

Esa tarde llovía como nunca. No era precisamente un invertebrado
pero una vez que aprendió a caminar igual que una salamandra
no dejó de hacerlo jamás. Así entró el pequeño extranjero
al hueso favorito. No ves que estoy cambiando de piel, me dijo,
de época, estoy cambiando de casta. Por mi parte
le di la bienvenida al vestidor insaciable del cráneo, al ajuar de agujeros.
Ése fue mi error, confundir espejismo y gardenia,
el rizo alto de la turbulencia con la glándula que come preguntas.
Una vez que aprendió a deslizarse como un delfín y resplandecer
contra el vidrio
fue difícil sacar la lengua de la cajita de tierra. Había esquirla y la ingle
no estaba preparada. Había objetos en desuso, dispuestos sin razón.
El arpón es prolijo, pero cuesta la mitad de una vida afilar una lanza
con los pies.
A esas alturas de poco servían las sonrisas, el escenario
estaba por derretirse, los reflectores se convirtieron en grasa.
Se parecía a la lluvia, a la gota de liquen en la punta de las mañanas,
como una enfermedad tropical le pasaba la lengua a cada uno

de los tentáculos de Dios, el tendón del absurdo me mimaba.
Tomé nota en cuanto pude de cuanto fue posible,
  los papeles se disolvían en el aire.
No quiero traicionar ahora la belleza de sus zapatos verdes,
  pero debo decir
que tenía la clara intención de deshacerme de mí mismo,
  la clara intención
que me salvara. Entonces amarré su cintura al primer monzón
la segunda quincena de junio en Kerala, me tapé la vista con la
  almohada
y escondí las plumas del rastro de los cazadores de ángeles.
Sin ganas de vivir, lo vi alejarse, boqueando desde la puerta del
  baño.
Del humo de mi cigarrillo subía una escalerita hasta el cielo
por la que se despeñaba mi cabeza y la de mis antepasados.
Esa tarde llovía como nunca, sin la menor sospecha
el fiscal se había retirado temprano.
Ya no fabrican escamas como antes.

通往天空的小梯子

這個下午雨下得格外大；而我
不想再活下去，親愛的。
——塞薩爾·巴列霍

那個下午雨下得格外大。確切地說它不是一隻無脊椎動物
但是它一旦學會像一隻蠑螈一樣行走
它就一直這樣走下去。像這樣，這個小異鄉人進入到
他喜歡的骨頭中。你沒有看見我正在更換皮膚，他對我說，
更換時代，我正在更換物種。就我而言
我歡迎他來頭骨的貪婪的更衣室，洞穴的家當。
那是我的錯，混淆了幻境和梔子花，
湍流的高聳的卷髮，和吞食問題的腺體。
一旦他學會了像海豚一樣滑動並映在玻璃上閃閃發光
就很難把舌頭從泥土的小盒子裏取出來。有碎片，腹股溝
尚未準備就緒。有遺棄之物，無緣無故地就位。
漁叉無比繁複，但是用腳磨尖一根長矛要耗去半生的時間。
在那種高度微笑幾乎毫無用處，舞台
即將融化，反射鏡變成了油脂。
像是雨，像是上午的尖頂上地衣的水滴，
像是一場熱帶病，他把舌頭傳遞給上帝的
每一根觸角，可笑的肌腱溺愛我。

我在但凡可以的時候盡可能多地記下了筆記，紙張溶解在空氣中。
我現在不想背叛他綠鞋子的美，但我不得不說
我有過明顯的意圖要把從我自身中拆除，這明顯的意圖
或許拯救了我。因此我把他的腰帶繫在了喀拉拉邦六月下旬的
第一場季風上，我用枕頭擋住了視線
藏起了足跡中的羽毛，以防獵殺天使的人。
我不想再活下去，我看著他遠離，在浴室的門口頻頻喘息。
從我香煙的煙霧中升起一架通往天空的小梯子
從梯子上滾落了我和我祖先的頭顱。
那個下午雨下得格外大，不容置疑
檢察官已經早早離去。
如今已不像以往那樣生產鱗片。

Little Stairway to Heaven

> *Esta tarde llueve como nunca; y no*
> *tengo ganas de vivir, corazón.*
> —César Vallejo

That evening it rained, as never before. He wasn't precisely an
invertebrate
but once he learned how to walk like a salamander
he never stopped. So the small foreigner
went into the favourite bone. Can't you see I'm shedding my skin,
he told me,
shedding my time, my caste. As for me,
I welcome him to the insatiable dresser of the skull, to the
wardrobe of holes.
That was my error, mistaking mirage for gardenia,
the high curl of the turbulence for a question-eating gland.
Once he learned to glide like a dolphin and shine against the glass
it was difficult to pull out the tongue from the box of soil. There
was shrapnel
and the crotch was not ready. There were objects no longer used,
placed in no order.
The harpoon was thorough, but it takes half a life to sharpen a
spear with our feet.

Come this far, smiles were useless, the scene
was about to melt, the reflectors turned to oil.
It looked like the rain, like the drop of lichen in the mountain tips,
like a tropical disease licked each of God's tentacles,
the tendon of the absurd spoiled me.
I took note as soon as I could of what was possible, the papers dissolved in the air.
I don't want to betray the beauty of his green shoes, but I have to say
that I had the clear intention of getting rid of myself, the clear intention
of saving me. So I tied his waist with the earliest monsoon
of the second half of June in Kerala, covered my eyes with the pillow
and hid the feathers from the trail of the angel hunters.
Tired of life, I saw him retreat, gasping from the door of the toilet.
From the smoke of my cigarette rose a little staircase to heaven
and my head and my ancestors' head fell from it.
That evening it rained as never before, the attorney had left early
suspecting nothing.
They don't make fish-scales the way they used to.

哈維爾・貝略（智利）從馬德里孔普魯騰塞大學獲西語文學博士學位，現任智利大學拉丁美洲及智利文學助理教授。第一本詩集*La noche venenosa*出版於1987年，此後詩作得到廣泛的發表、收錄及翻譯。1992年獲任Pablo Neruda基金會成員。曾獲獎項包括Gabriela Mistral市政文學獎（1994）、Jaime Gil de Biedma國際詩歌獎（1998）、Juan Ramón Jiménez西語美洲詩歌獎（2006）、Pablo Neruda詩歌獎（2007）等。

Javier Bello (Chile) holds a Ph.D. in Spanish Literature from the Complutense University of Madrid and is now Assistant Professor in Latin American and Chilean Literature at the University of Chile. He published his first book of poems *La noche venenosa* (Concepción, Letra Nueva) in 1987. Since then his poems have been widely published, anthologized and translated. In 1992, he became a fellow of the Pablo Neruda Foundation. His honours include the Gabriela Mistral Municipal Literary Prize (1994), the Jaime Gil de Biedma International Poetry Prize (1998), the Juan Ramón Jiménez Hispanic American Poetry Prize (2006), the Pablo Neruda Award (2007), etc.

香港國際詩歌之夜 2017
International Poetry Nights in Hong Kong 2017

主辦單位 Organizers

香港中文大學文學院
Faculty of Arts, The Chinese University of Hong Kong
香港詩歌節基金會有限公司
Hong Kong Poetry Festival Foundation Limited

協辦單位 Co-organizers

香港中文大學中國文化研究所
Institute of Chinese Studies, The Chinese University of Hong Kong
香港中文大學出版社
The Chinese University Press
香港大學美術博物館
The University Museum and Art Gallery, The University of Hong Kong
香港大學文學院
Faculty of Arts, The University of Hong Kong
香港科技大學賽馬會高等研究院
Jockey Club Institute for Advanced Study, Hong Kong University of Science and Technology
香港科技大學人文學部
Division of Humanities, Hong Kong University of Science and Technology
廣州時刻文化傳播有限公司
Moment Communications
活字文化
MoveableType Legacy (Beijing) Co., Ltd.
當當
DANGDANG

贊助 Sponsors

中國會 The China Club
北京匡時國際拍賣有限公司 Beijing Council International Auction Co., Ltd.
先鋒公益基金會 UCF Charity Foundation Limited
卓爾書店 the zall bookstore
斑馬谷文化發展有限公司 Zebra Valley Culture Development
馮鑫牟希文大婦 Feng Xin (Larry) and Mu Xi Wen (Maggie)
蓮華書院 Lianhua Academy